Date: 2/11/13

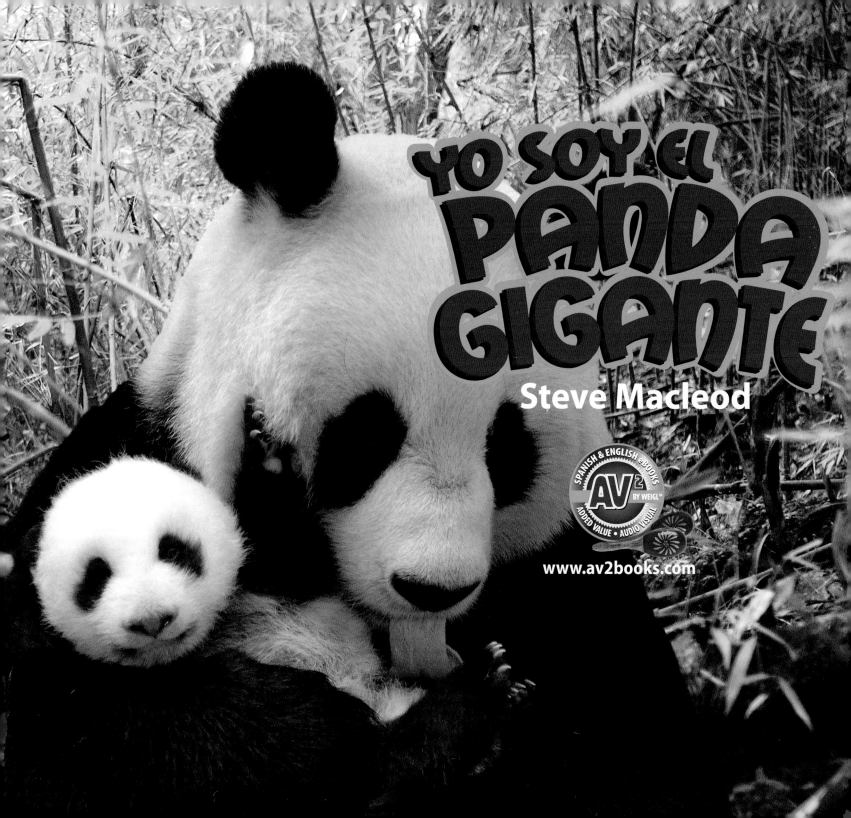

YO SOY EL PANDA GIGANTE

Steve Macleod

This AV² media enhanced book gives you a fully bilingual experience between English and Spanish to learn the vocabulary of both languages.

Go to **www.av2books.com**, and enter this book's unique code.

BOOK CODE

P905038

AV² **by Weigl** brings you media enhanced books that support active learning.

English

Spanish

AV² Bilingual Navigation

CHANGE LANGUAGE
ENGLISH SPANISH
LANGUAGE TOGGLE

BACK NEXT
PAGE TURNING

(X) CLOSE

HOME

PAGE PREVIEW

YO SOY EL PANDA GIGANTE

En este libro, te voy a enseñar sobre

- mí mismo
- mi comida
- mi hogar
- mi familia

¡y mucho más!

Soy un panda gigante.

5

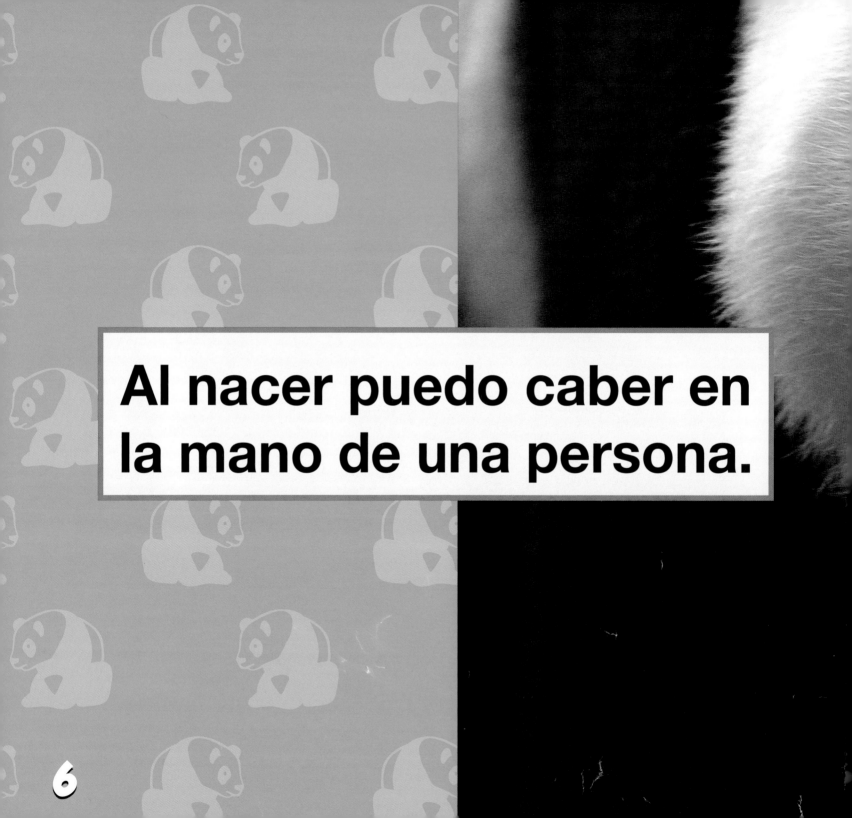

Al nacer puedo caber en la mano de una persona.

6

Tengo pelo que funciona como un impermeable.

Me paso comiendo hasta 16 horas cada día.

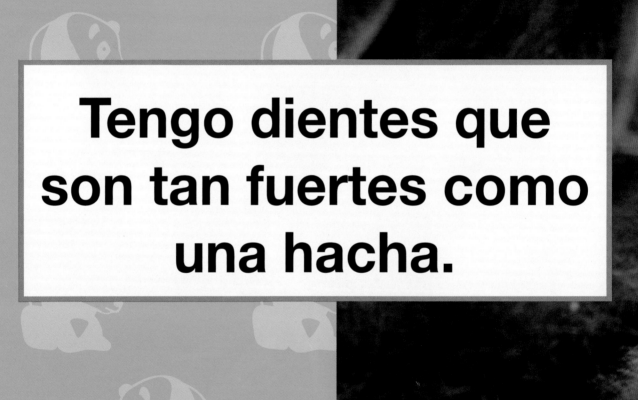

Tengo dientes que son tan fuertes como una hacha.

13

Puedo pelar y comer alimentos en menos de un minuto.

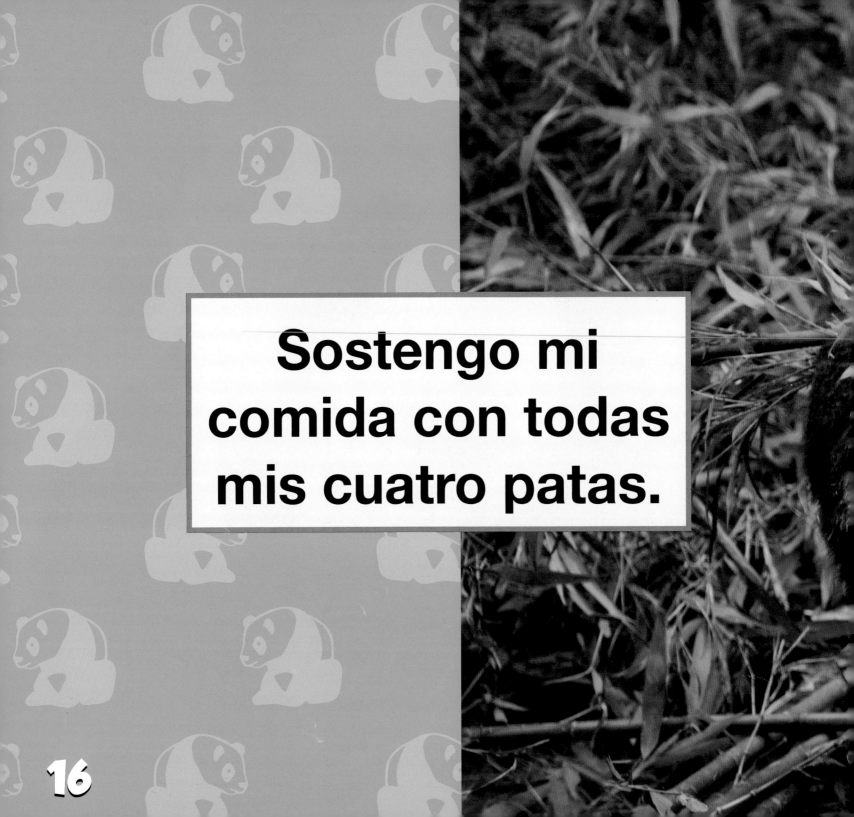

Sostengo mi comida con todas mis cuatro patas.

Duermo sólo por cuatro horas a la vez.

Vivo en bosques llenos de árboles de bambú.

Soy un panda gigante.

DATOS SOBRE EL PANDA GIGANTE

Esta página proporciona más detalles acerca de los datos interesantes que se encuentran en este libro. Basta con mirar el número de la página correspondiente que coincida con el dato.

Páginas 4–5

Soy un panda gigante. A veces se les llama "oso panda". Tienen un distintivo pelo blanco y negro. El pelo blanco de su cuerpo y cara resalta sobre el negro de las extremidades, orejas, cola y parches en los ojos.

Páginas 6–7

Los pandas gigantes caben en la mano de una persona cuando nacen. La cría pesa unas 4 onzas (112 gramos). La madre es 900 veces más grande que su cría al nacer. Es como la diferencia entre un globo de aire caliente y una uva.

Páginas 8–9

Los pandas gigantes tienen pelo que funciona como un impermeable. Este tiene un aceite especial que los protege de la lluvia. Ayuda a mantenerlos calientes y secos. Hay muchos días en que nieva y llueve donde viven los pandas gigantes.

Páginas 10–11

Los pandas gigantes comen hasta 16 horas cada día. Durante ese tiempo pueden comer 40 libras (18 kilos) de alimentos, principalmente bambú. Eso es suficiente para alimentar a una persona promedio por más de una semana.

Páginas 12–13

Los dientes de los pandas gigantes son fuertes como una hacha. Son muy afilados. Sus mandíbulas fuertes también les ayudan a comer bambú. El bambú es tan duro que una persona tendría dificultad en cortarlo con una hacha.

Páginas 14–15

Los pandas gigantes pueden pelar y comer un alimento en menos de un minuto. Tienen un hueso de gran tamaño en la muñeca que usan como un pulgar. Eso les permite cortar los tallos de bambú y sostenerlos mientras lo pelan.

Páginas 16–17

Los pandas gigantes sostienen su comida con las cuatro patas. Necesitan agarrar bien su comida para pelarla y comerla. La mayoría de las veces comen sentados erectos o recostados sobre su espalda. Así pueden usar las cuatro patas para sostener su comida.

Páginas 18–19

Los pandas gigantes sólo duermen por cuatro horas a la vez. Cuando están despiertos, se pasan casi todo el tiempo buscando comida y comiendo. Luego duermen por cuatro horas antes de despertarse y buscar comida nuevamente.

Páginas 20–21

Los pandas gigantes viven en bosques llenos de árboles de bambú. Estos bosques están en China. Partes de los bosques están siendo talados para que la gente viva allí. Ahora los pandas gigantes son una especie en peligro de extinción. Sólo quedan 2,500 adultos en la naturaleza.

Check out av2books.com for your interactive English and Spanish ebook!

Tengo pelo que funciona como un impermeable.

8

① Go to av2books.com

② Enter book code   P905038

③ Fuel your imagination online!

www.av2books.com

Published by AV² by Weigl
350 5th Avenue, 59th Floor New York, NY 10118
Website: www.av2books.com   www.weigl.com

Macleod, Steve.
  [Giant panda. Spanish]
 Panda gigante / Steve Macleod.
    p. cm. -- (Soy el)
 Includes bibliographical references and index.
 ISBN 978-1-61913-175-0 (hardcover : alk. paper)
 1. Giant panda--Juvenile literature. I. Title.
 QL737.C27M23918 2012
 599.789--dc23
                        2012018623

Printed in the United States of America in North Mankato, Minnesota
1 2 3 4 5 6 7 8 9 0 16 15 14 13 12

012012
WEP170112

Senior Editor: Heather Kissock
Art Director: Terry Paulhus

Weigl acknowledges Getty Images as the primary image supplier for this title.